또, 그리움이 다녀갔다

한국대표디카시 선집

또, 그리움이 다녀갔다

2023년 3월 30일 초판 1쇄 인쇄
2023년 4월 10일 초판 1쇄 발행

지은이 | 한국디카시시인협회
펴낸이 | 孫貞順

펴낸곳 | 도서출판 작가
       (03756) 서울 서대문구 북아현로6길 50
       전화 | 02)365-8111~2 팩스 | 02)365-8110
       이메일 | cultura@cultura.co.kr
       홈페이지 | www.cultura.co.kr
       등록번호 | 제13-630호(2000. 2. 9.)

편집 | 손희 김치성 설재원
디자인 | 오경은 박근영
영업 | 박영민
관리 | 이용승

ISBN 979-11-90566-54-4 03810

잘못된 책은 구입하신 서점에서 바꾸어 드립니다.

값 12,000원

한국대표디카시 선집

또, 그리움이 다녀갔다

한국디카시시인협회

작가

■ 머리말

　세월이 가면서 세상이 변하고 시대정신도 바뀌어 간다. 이제는 문자문화 활자매체의 시대에서 영상문화 전자매체의 시대로 문화와 문학의 중심축이 현저히 이동했다. 이러한 문화현상이 반영되어 한국의 남녘에서 발원한, 짧고 감동적인 시의 새로운 문예 장르가 디카시다. 디카시는 새로운 한류로 미국 중국을 비롯하여 전 세계적인 확산을 보이고 있다. 일본의 하이쿠나 프랑스의 짧은 시들을 넘어, 동시대에 최적화된 생활문학의 한 유형이다. 그 간편한 창작의 내면에 촌철살인의 심오한 생각을 담을 수도 있다.

　디카시는 시가 아니다. 디카시는 디카시다. 디지털 카메라와 시의 합성을 말하는, 전혀 새로운 시 형식이다. 근자의 한국인이면 누구나 휴대하고 있는 스마트폰으로 순간 포착의 사진을 찍고, 그 사진에 밀착하는 짧고 강렬한 몇 줄의 시를 덧붙인다. 일상의 삶 가운데 가장 가까이 손에 미치는 영상 도구를 활용하여 가장 쉽고 공감이 가는 감각적인 시의 산출에 이르는, 현대적 문학 행위다. 손안의 우주를 활용

하여 쓰기는 쉬우나 잘 쓰기는 쉽지 않다. 그럼에도 불구하고 이 시 운동은, 누구나 디카시인이 될 수 있다는 보편성과 개방성이 강점이다.

  짧고 강하고 깊이 있는 시, 거기에 생동하는 영상의 조합을 함께 품고 있는 시의 형식이 폭넓게 확산되는 경과를 보이는 것은 매우 당연한 일인지도 모른다. 앞으로 우리가 살아갈 세상의 모습이 어떠하든지 간에, 이처럼 손쉽게 독자와 만나고 교유하는 시의 방식이 시드는 법은 없을 것이다. 그러나 이 짧은 시들의 행렬이 보람을 다하도록 하는 것은 결국 그 시에서 삶을 읽는 우리 마음의 수준이 아닐까 싶다. 한국디카시인협회가 엮은 이번 한국 대표 디카시 선집에 시를 보내주신 분들과 도서출판 작가에 깊이 감사드린다.

2023. 3.
한국디카시인협회 회장 김종회

― 차례 ―

머리말

강현국　개운한 초록 12
강희근　무덤 14
고광헌　무등 16
고영민　강아지풀 18
고진하　적멸의 문장 20
공광규　세상에 숨길 수 없는 것 22
곽경효　날아라, 용 24
길상호　모종의 끝 26
김규성　우주 28
김남호　죽순의 꿈 30
김상미　연등 32
김왕노　민낯 34
김유석　허공의 무게 36
김일태　적선積善 38

김종태	약속	40
김종회	미국 옐로스톤 국립공원	42
리호	투영	44
문성해	버섯들이 불쑥불쑥	46
박완호	꽃잎 편지	48
박우담	참수斬首	50
박해람	아직 햇살 쪽에 있어	52
반칠환	어떤 구애	54
복효근	닭싸움	56
서동균	얼굴	58
서정학	틈새	60
손정순	평해 지나며	62
송찬호	비상	64
오민석	따뜻한 죽음	66
우대식	엽서	68
이기영	까치밥	70
이달균	어떤 무덤	72
이대흠	또, 그리움이 다녀갔다	74

이상옥	달리다굼	76
이어산	나를 보다	78
이운진	나비의 꿈	80
이원규	능소화 그 여자	82
이정록	당신이 오신다기에	84
이은봉	딸기꽃	86
이태관	팽팽한 힘	88
임동확	안부	90
정우영	기척이 살랑	92
정한용	먼, 저곳	94
천융희	응원	96
최광임	쌍계사 가는 길	98
최금진	시인	100
최영욱	지문	102
최정란	푸른 악보	104
최춘희	그리운 옛 집	106
함순례	겨울잠	108
홍은택	그물	110

한국대표디카시 선집

강현국　강희근　고광헌　고영민　고진하　공광규
곽경효　길상호　김규성　김남호　김상미　김왕노
김유석　김일태　김종태　김종회　리 호　문성해
박완호　박우담　박해람　반칠환　복효근　서동균
서정학　손정순　송찬호　오민석　우대식　이기영
이달균　이대흠　이상옥　이어산　이운진　이원규
이정록　이은봉　이태관　임동확　정우영　정한용
천융희　최광임　최금진　최영욱　최정란　최춘희
함순례　홍은택

강현국

Kang Hyeonguk

강현국_경북 상주 출생, 1976년 《현대문학》 등단, 디카시집 『꽃 피는 그리움』 외

개운한 초록

퍼덕거림에 놀란 숲의 한낮이
바다 생각에 씻겨 무척 개운하다.

강
희
근

강희근_경남 산청 출생. 1965년《서울신문》신춘문예 당선. 시집『리디아에게로 가는 길』외. 이형기문학상 외 수상. 경상대학교 국어국문학과 명예교수

무덤

이 너머에 길이 있다
아침도
시대도 이 너머에 있다
피었다가 지지 않는
꽃, 그대 사시사철이 있다

고광헌

고광헌_전북 정읍 출생. 1983년 《광주일보》 신춘문예 당선. 시집 『시간은 무겁다』 외

무등

조금

멀리 보면

모두 탕탕평평

고영민

고영민_충남 서산 출생. 2002년 《문학사상》 등단. 시집으로 『봄의 정치』. 박재삼문학상 외

강아지풀

몸통은 땅속에 있고
꼬리만 바람에 살랑거린다
예쁜 강아지야
네 반가운 주인은
땅속에 있구나

고진하

Go Jinha

고진하_강원 영월 출생. 1987년 《세계의 문학》 등단. 시집 『야생의 위로』 외.
영랑시문학상 외 수상

적멸의 문장

흰 수의 밖으로 얼굴을 내놓은 초로의 주검
딱히 응혈 진 암흑이 있어
벌떡 일어나 천둥 칠 것 같지는 않다

꽃상여에 뉜 단 한 줄 적멸의 문장, 애 터지게 느리고 길다

공광규

공광규_서울 출생. 1986년 《동서문학》 등단. 시집 『담장을 허물다』 외. 고양행주문학상 외 수상. 제1회 디카시작품상 수상

세상에 숨길 수 없는 것

화단에 몰래 묻어두었던
심장 두 개
올 여름 튤립으로 솟아났다오
세상에 숨길 수 없는 한 가지
우리 사랑

곽경효

곽경효_전북 무주 출생. 2005년 《시와 시학》으로 등단. 시집 『달의 정원』

날아라, 용

단 한 번, 세상 위로 날아오르기 위해
천 년의 밤을 기다려 왔다
자, 이제
하늘로 올라갈 시간이다

길상호

Gil Sangho

길상호_충남 논산 출생. 2001년《한국일보》신춘문예로 당선.
시집 『우리의 죄는 야옹』 외. 현대시동인상 외 수상

모종의 끝

목마른 그 마음을 뒤늦게 읽었네
한 삽의 흙을 털어
당신의 야윈 발등을 덮고 나서야
꽃도 없이 져버린 당신을
저 세상에 옮겨 심고 나서야

김규성

Kim Gyuseong

김규성_전남 영광 출생. 2000년《현대시학》등단.
시집『시간에는 나사가 있다』외, 제7회 디카시작품상 수상

우주

저 둥근 감방에 서로의 부리를 가두고
제발 날개가 돋지 않기를 기도하던 때가 있었다

김남호

Kim Namho

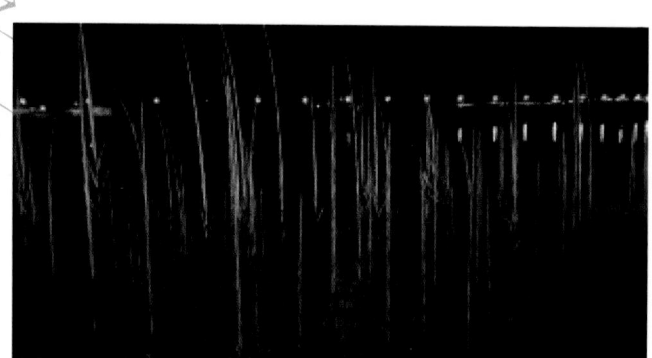

김남호_경남 하동 출생. 2005년《시작》등단. 시집 『두근거리는 북쪽』 외.
디카시집 『고단한 잠』

죽순의 꿈

강 건너—
저 불빛 때문에
나는 피리가 되고 싶지만
저 불빛 때문에
어쩌면 죽창이 돼야 할지도 몰라

김상미

Kim Saugmi

김상미_부산 출생. 1990년《작가세계》로 등단. 시집 『모자는 인간을 만든다』 외.
박인환문학상 수상.

연등

끝도 없이 '나무아미타불' 기도하는
저 간절하고 어여쁜 꽃송이들을 보라
부처님이 언제 오시나 어디쯤 오시나
곱게 단장하고 마중 나온
울 엄마, 울 할머니, 울 이모 얼굴 같은!

김왕노

Kim Wangno

김왕노_경북 포항 출생. 1992년《매일신문》신춘문예 당선. 시집 『복사꽃 아래로 가는 천년』 외. 디카시집 『게릴라』 외. 풀꽃 문학상 외, 제2회 디카시작품상 수상. 현재《시와 경계》,《웹진 시인광장》주간

민낯

얼마나 내 놓고 싶었던 얼굴인가

민들레 노란 가면을 벗고 보여주는 저 파안대소의 얼굴

김유석

김유석_전북 김제 출생. 1990년 《서울신문》 신춘문에 당선.
시집 『붉음이 제 몸을 휜다』 외.

허공의 무게

꽃을 들고 오른 길이
결국은 허방이다.

흔들리는 벼랑을 끼고
일생을 견디는 나무여!
내리는 길이 너무 무겁다

김일태

Kim Iltae

김일태_경남 창녕 출생. 1998년 《시와시학》 등단. 시집 『파미르를 베고 누워』 외.
김달진창원문학상 외 수상. 현재 이원수문학관장

적선積善

하루 한번 작은 돌 하나면 어떠랴
쌓고 또 쌓으면 탑이 되지 않으랴
저렇게 추錘를 얹고 또 얹다보면
마음도 바위처럼 무거워지지 않으랴

김
종
태

Kim Jongtae

김종태_경북 김천 출생. 1998년 《현대시학》 등단. 시집 『복화술사』 외.
현재 호서대학교 교수

약속

타들어간 우리 마음 깊은 속
보석처럼 숨겨 놓은 하얀 종이 위에
나는 쓰리
'기~다~림'이라고

김종회

김종회_경남 고성 출생. 1988년 《문학사상》 등단. 평론집 『문학과 예술혼』 외.
디카시집 『어떤 실루엣』. 김환태평론문학상, 김달진문학상, 편운문학상 외 수상

미국 옐로스톤 국립공원

푸른 하늘과 녹색 유황연못 사이
낮은 산 목책이 서 있다
우리 삶의
길 나누는 경계석처럼

리호

Ri Ha

리호_경기도 전곡 출생. 2014년 《실천문학》(오장환신인문학상)으로 등단.
제3회 이해조문학상 수상, 제4회 디카시작품상 수상, 시집 『기타와 바게트』

투영

한 발 뒤에서 다시 보면
온몸으로 봄을 싣고 날아가는
새 한 마리

문성해

문성해_1998년《매일신문》, 2003년《경향신문》으로 등단.
시집 『입술을 건너간 이름』 외, 김달진 젊은시인상, 대구시협상 수상

버섯들이 불쑥불쑥

열흘 하고도 이틀
빗속을 잘 견뎠구나
축축한 땅 속을 잘 말리거라
어두운 땅속도 잘 밝히거라
신께서 이 희고 둥근 스탠드를 주셨네

박완호

박완호_충북 진천 출생. 1991년《동서문학》등단. 시집 『기억을 만난 적 있나요?』외. 김춘수시문학상 수상

꽃잎 편지

네가 써 놓고 간 꽃무늬 글자들

물살 흔들릴 때마다
불멸의 문장처럼 반짝거린다

글자 하나하나가
네 낯처럼 눈부시다

박우담

| 박우담 경남 진주 출생. 2004년《시사사》등단. 시집『설탕의 아이들』외. 시사사작품상 외 수상

참수斬首

새벽이 오기 전에 떠나야만 하는 길
동료들 깰까봐
뒤꿈치 들고 나가 이슬이 된 당신

박해람

Park Haerim

박해람_강원도 강릉출생. 1998년《문학사상》으로 등단. 시집 『백 리를 기다리는 말』외. 시와표현 작품상 수상

아직 햇살 쪽에 있어

어느 하루든 공평한 오전과
오후가 있어 자연들은 불평들이 없다
어느 새 묻은 반백半白을 털어내려다
어깨에 그늘 묻히고 말았지만
괜찮아, 아직 햇살 쪽에 있잖아

반칠환

Ban Chilhwan

반칠환_충북 청주 출생. 1992년 〈동아일보〉 신춘문예 당선. 시집 『전쟁광 보호구역』 외.

어떤 구애

나는 제일가축인공수정소의 씨황소요
등허리 묵직한 사랑은 이제 구식이오
숙련된 인공수정사의 손이 다녀갈 거요
불필요한 콧김과 설렘을 빼니
연애는 간결하고 삶은 단순해졌, 소!

복효근

Bok Hyogeun

복효근_남원 출생. 1991년 《시와시학》 등단, 시집 『꽃 아닌 것 없다』 외.
디카시집 『허수아비는 허수아비다』. 신석정문학상 외 수상.

닭싸움

 싸움닭 두 마리가 목깃을 부풀리고 서로를 노려보는
풍경 저쪽
 짝다리 짚고 지켜보는 사람들 있다
 싸움으로 흥정하고 챙기는 사람들 있다
 피 흘리는 한반도가 어른거렸다

서
동
균

Suh Donghyun

서동균_서울 출생. 2011년 《시안》 등단. 시집 『뉴로얄사우나』

얼굴

불같이 화난 얼굴
팝콘 같은 매화꽃이야
붉으락푸르락 올라온 꽃봉오리
아그데아그데
툭 터질 것 같아

서정학

Seo Jeonghak

서정학_충북 충주 출생. 1986년《심상》및《세계의 문학》등단.
시집 『반달과 길을 가다』 외. 현재 두원공과대학 교수

틈새

그대와 나 사이의 틈은 멀어짐이 아니다.
틈 사이에서 피어나는 그리움의 꽃을 보아라.

손정순

Son Jeoung Soon

| 손정순_경북 청도 출생. 2001년 《문학사상》으로 등단. 시집으로 『동해와 만나는 여섯 번째 길』외. 월간 《쿨투라》 발행인.

평해 지나며

그대 한 사람 그리워 울어본 적 있는가
오징어 덕장엔 아직 옛 바람 부는데
너덜거리는 평해 민박집 차창으로
철지난 그물만 바다를 끌어안고 있다
서로 부대끼면서 펄럭이다 만 햇살!
내 젖은 상심 꺼내 저 건조대에 말릴 수 있다면,

송찬호

Song Chanho

송찬호_충북 보은 출생. 1987년 《우리시대의 문학》으로 등단. 시집 『분홍 나막신』 외.
대산문학상 외 수상, 제3회 디카시작품상 수상

비상

오래된 꿈이여

호두나무 고사목이 된 오래된 꿈이여

날자꾸나 한번만 더 날아보자꾸나

오민석

Oh Minserk

오민석_충남 공주 출생. 1990년《한길문학》등단. 1993년《동아일보》신춘문예 문학평론당선. 시집『기차는 오늘 밤 멈추어 있는 것이 아니다』외. 시와경계문학상 외 수상. 현재 단국대학교 영미인문학과 교수

따뜻한 죽음

어깨에 새들을 달고

하늘로 오르다

푸른 바람에 무너졌네

땅에 쌓였네

마침내 사람 곁으로 돌아왔네

우대식

Woo Daesik

| 우대식_강원도 원주 출생. 1999년《현대시학》등단. 시집 『설산 국경』 외.
  현대시학작품상 수상. 현재 숭실대 문예창작과 강사

엽서

노을에 앉아
나를 꺼내 읽는다
그 어디에도 사랑이라는 문자는 없다
꼭 걸어서 당도하라는 당신의 부탁만이
활판活版의 문자로 새겨졌을 뿐

이기영

Lee Giyeong

| 이기영 _전남 순천 출생. 2013년《열린시학》등단. 시집 『나는 어제처럼 말하고 너는 어제처럼 묻지』 외. 디카시집 『인생』. 김달진창원문학상 수상

까치밥

프로메테우스처럼
감나무가 붉은 심장을 꺼내
쪼아 먹히길 기다리고 있다
해마다 봄이 되면
심장은 다시 자랄 것이다

이달균

Lee Dalgyun

이달균_1987년 《지평》과 시집 『남해행』으로 작품활동 시작. 시집 『늙은 사자』 외.
중앙시조대상 외 수상

어떤 무덤

산녘에서 만난 콘크리트 무덤

아버지는 훼손되지 말라고
아니, 어쩌면 이 풍진 세상
영영 깨어나지 말라고

이대흠

Lee Daeheum

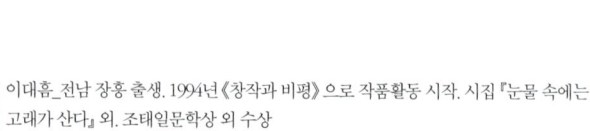

| 이대흠_전남 장흥 출생. 1994년 《창작과 비평》으로 작품활동 시작. 시집 『눈물 속에는 고래가 산다』 외. 조태일문학상 외 수상

또, 그리움이 다녀갔다

아무리 슬쩍 스쳐갔어도
그리움은 흔적을 남긴다
가슴 속에 패인 돌발자국

이상옥

이상옥_경남 고성 출생. 1989년 《시문학》으로 등단. 시집 『그리운 외뿔』 외.
한국디카시연구소 대표, 계간 《디카시》 발행인 겸 편집인

달리다굼*

너는 누구의 몸이었다
여기 누워 있는 것이냐

벌써 봄이 가까운데

*유대인들의 언어 아람어로 '소녀야 일어나라'의 뜻

이어산

Lee Easau

이어산_2002년 《시사사》 등단. 시집 「동네북」 외. 《한국디카시학》, 《시와 편견》 발행인

나를 보다

하늘도 담고

바람도 담아 보았지만

헛웃음 헛바람만 가득한

당신

이운진

Lee Uujin

이운진_경남 거창 출생. 1995년 《시문학》으로 등단. 시집 『타로 카드를 그리는 밤』 외.
제5회 디카시작품상 수상

나비의 꿈

꽃밭의 바깥에서

나를 만난다

꽃이라는 감옥으로 돌아가지 않으리

이원규

Lee Wongyu

이원규_경북 문경 출생. 1989년 《실천문학》 등단. 시집 『돌아보면 그가 있다』 외.
평화인권문학상 외 수상

능소화 그 여자

일생토록 기어올랐다
적산가옥 흰 벽에 손발톱을 박으며
송이송이 추억의 나팔을 불며
나, 여기, 아직, 그대로
살아있는 벽화, 그 한 여름 밤의 여자

이정록

이정록_충남 홍성 출생. 1993년 《동아일보》 신춘문예 당선. 시집 『의자』 외.
김수영문학상 외 수상. 제6회 디카시작품상 수상

당신이 오신다기에

저는 둥근 방을 좋아하지만
아이들까지 온다기에 꾸며봤어요.
우리 사랑, 더 샾.

이은봉

Lee Eunbong

이은봉_충남 공주 출생. 1984년 《창작과비평》으로 시집 『마침내 시인이여』를 통해 등단.
시집 『봄바람, 은여우』 외. 현재 광주대학교 문예창작과 교수

딸기꽃

하얀 얼굴, 하얀 손, 하얀 피부, 눈도 코도 귀도 하얗다
하얗게 빛나지 않는 것은 가슴 속 샛노란 슬픔뿐
이 슬픔, 곧 빨갛게 익는다 한 입 베어 먹어라 잘 익은 딸기!

이태관

Lee Taegwan

이태관_대전 출생. 1990년《대전일보》신춘문예 당선. 시집 『나라는 타자』 외

팽팽한 힘

함께여서 외롭다 저마다의 시선은
먼 곳을 향하고 있어
너머의 너머, 그 팽팽한 심장에 방점을 찍는
레카토 들을 수 있니
하늘이 그리는 악보

임동확

Im Donghwak

임동확_광주 출생. 1987년 시집 『매장시편』으로 작품 활동 시작.
시집 『길은 한사코 길을 그리워한다』 외

안부

아가, 밥은 제때 먹고 다니니? 잠자린 또 어떻고?
이 어민 국수 한 그릇 정화수처럼 앞에 두고
너희 안부를 물으며 주책없이 목이 메는구나

정우영

정우영_전북 임실 출생. 1989년《민중시》등단. 시집 『활에 기대다』 외

기척이 살랑

팽팽한 긴장에 설렘이 일어
이 적요를 찢고 이내 환희는 터지리
천지의 숨구멍에 꿈틀거리는 봄눈들

정한용

Jung Hanyong

정한용_충주 출생. 1980년《중앙일보》신춘문예 당선. 시집 『유령들』외. 천상병시문학상 외 수상

먼, 저곳

종일 안과 밖 사이에서 서성이다

소복이 굳은 시간을

당신 발자국 위에 가만 내려놓습니다

천용희

| 천용희_경남 진주 출생. 2011년 《시사사》 등단. 시집 『스윙바이』. 2019년 유등작품상.
| 2020 이병주 경남문인상 수상. 현재 계간 《시와경계》, 계간 《디카시》 부주간.

응원

방앗간 옆집 사는 창녕 댁
코로나 확진 소식에

살아 있소!
우짜든지 며칠만 잘 참아보소, 밥은?

최광임

Choi Gwangim

최광임_전북 부안 변산 출생. 2002년《시문학》으로 등단. 시집 『도요새 요리』외. 디카시 해설집 『세상에 하나뿐인 디카시』. 계간《시와경계》부주간, 계간《디카시》주간. 두원공대 겸임교수

쌍계사 가는 길

두 갈래 물이 만나 이룬 쌍계
두 갈래 꽃길도 화개에서 만나는데

사랑을 끌고 갔던 젊은 날은 지고
벚꽃 흐드러진 길 홀로 지나왔다

최금진

최금진_충북 제천 출생. 2001년 《창작과비평》으로 등단. 시집 『사랑도 없이 개미귀신』 외

시인

그는 차가운 돌 속에 박히기로 했다
사람들은 지나갔다, 멈추었다, 그리고 그를 읽었다
그는 오래도록 지워지지 않는 시가 되었다

최영욱

최영욱_경남 하동 출생.《제3의 문학》으로 등단. 시집《평사리 봄밤》외. 평사리문학관장

지문

파도의 이랑을 쓰다듬다가
더러는
바다의 늑골까지도 퍼 담던 젊은 손이었을
저 빛나는 생의 기억

최
정
란

| 최정란_경북 상주 출생. 2003년《국제신문》신춘문예 당선. 시집『장미키스』외. 시산맥작품상 외 수상

푸른 악보

햇늑대 명랑한 발목이
백리 대숲 바람을 쫓아간다, 우-우-우
천길 허공 겁 없이 내닫는
무르고 철없는 야성의 노래
덜 여문 뼈가 내쉬는 머나 먼 첫 마디

최춘희

최춘희_경남 마산 출생. 1990년 《현대시》로 등단. 시집 『시간 여행자』 외

그리운 옛 집

지금은
아무도 살지 않지만

누군가에게 세상의 전부였다

함
순
례

Ham Sunrye

함순례_충북 보은 출생. 1993년 《시와사회》 등단. 시집 『울컥』 외

겨울잠

언젠가는 녹아 흐르겠지
붉은 계절 다시 깨어나겠지
얼어붙었어도 본색을 잃지 않는다면

홍은택

Hong Euntaek

홍은택_경기도 광주 출생. 1999년 《시안》 등단. 시집 『노래하는 사막』 외

그물

그물에 걸리는 건 윤회고
바람으로 드나드는 건 열반인데
잡아도 보고 잡혀도 봤지만
그물을 깁는 저 손은 누구인가